36 Recetas de Comidas Para Ayudarlo A Prevenir Caries, Enfermedad de Las Encías, Pérdida de Dientes y Cáncer Oral:

La Solución Natural A Sus Problemas Orales

Por

Joe Correa CSN

DERECHOS DE AUTOR

© 2016 Live Stronger Faster Inc.

Todos los derechos reservados

La reproducción o traducción de cualquier parte de este trabajo, más allá de lo permitido por la sección 107 o 108 del Acta de Derechos de Autor de los Estados Unidos, sin permiso del dueño de los derechos es ilegal.

Esta publicación está diseñada para proveer información precisa y autoritaria respecto al tema en cuestión. Es vendido con el entendimiento de que ni el autor ni el editor están envueltos en brindar consejo médico. Si éste fuese necesario, consultar con un doctor. Este libro es considerado una guía y no debería ser utilizado en ninguna forma perjudicial para su salud. Consulte con un médico antes de iniciar este plan nutricional para asegurarse que sea correcto para usted.

RECONOCIMIENTOS

Este libro está dedicado a mis amigos y familiares que han tenido una leve o grave enfermedad, para que puedan encontrar una solución y hacer los cambios necesarios en su vida.

36 Recetas de Comidas Para Ayudarlo A Prevenir Caries, Enfermedad de Las Encías, Pérdida de Dientes y Cáncer Oral:

La Solución Natural A Sus Problemas Orales

Por

Joe Correa CSN

CONTENIDOS

Derechos de Autor

Reconocimientos

Acerca del Autor

Introducción

36 Recetas de Comidas Para Ayudarlo A Prevenir Caries, Enfermedad de Las Encías, Pérdida de Dientes y Cáncer Oral: La Solución Natural A Sus Problemas Orales

Otros títulos de Este Autor

ACERCA DEL AUTOR

Luego de años de investigación, honestamente creo en los efectos positivos que una nutrición apropiada puede tener en el cuerpo y la mente. Mi conocimiento y experiencia me han ayudado a vivir más saludablemente a lo largo de los años y los cuales he compartido con familia y amigos. Cuanto más sepa acerca de comer y beber saludable, más pronto querrá cambiar su vida y sus hábitos alimenticios.

La nutrición es una parte clave en el proceso de estar saludable y vivir más, así que empiece ahora. El primer paso es el más importante y el más significativo.

INTRODUCCION

36 Recetas de Comidas Para Ayudarlo A Prevenir Caries, Enfermedad de Las Encías, Pérdida de Dientes y Cáncer Oral: La Solución Natural A Sus Problemas Orales

Por Joe Correa CSN

Nos hemos dado cuenta de cuan importantes son nuestros dientes; es por ello que cuidamos bien de ellos cepillándolos, usando hilo dental, enjuague bucal y demás. A pesar de que nuestra boca es la parte del cuerpo que más cuidamos, el decaimiento de los dientes y la enfermedad de las encías son aún un problema. Si se preguntaba cómo es posible, bueno, ¡la respuesta podría encontrarse en la nevera!

Su cepillado, uso de hilo dental y lavado diario puede mantener su boca y encías saludables, pero una buena dieta será una gran ventaja. Además de limitar las comidas llenas de azúcar y ácido en su dieta, hay comidas que de hecho son buenas para sus dientes y encías. En conjunto, la nutrición es muy importante para su salud, sistema inmune y encías.

Una dieta llena de vitaminas, antioxidantes, minerales y grasas omega 3 es muy importante. Una severa deficiencia de vitamina C puede provocar el sangrado de encías. Recuerde incluir ejercicio y buena cantidad de sueño en su rutina diaria. Manejar su estrés podría resultar útil también. Combine estas recetas con el cepillado, uso de hilo dental y lavado, y los resultados llegarán antes de lo esperado.

36 Recetas de Comidas Para Ayudarlo A Prevenir Caries, Enfermedad de Las Encías, Pérdida de Dientes y Cáncer Oral: La Solución Natural A Sus Problemas Orales

1. **Ensalada de Avellanas**
   - Descripción:
     Las avellanas tienen un alto contenido de vitamina E, en adición a vitamina B, incluyendo el folato. La vitamina E es importante para mantener una piel, cabello y uñas saludables. Las vitaminas B son importantes en el metabolismo apropiado de las células y energía. Las avellanas también son una fuente rica de potasio, calcio y magnesio.

   - Ingredientes:
     - 1 (5 onza) paquete rúcula bebé pre lavada
     - 4 rábanos medianos, pelados y cortados
     - 1/2 taza Aderezo de Palta
     - 1/2 taza avellanas tostadas, trozadas

   - ¿Cómo prepararlo?:
     - Componer una ensalada de rúcula y rábanos en 4 platos. Rociar con 2 cucharadas de

aderezo decorativamente; espolvorear con nueces.

- Factores nutricionales:
Calorías: 80kcal, Grasas: 16g, Carbohidratos: 6g, Proteínas: 3g, Sodio: 238mg

2. El Secreto de Popeye

- **Descripción:**
  Súper saludable, la espinaca es rica en calcio, ácido fólico y muchas vitaminas y minerales importantes que sus dientes y encías amarán. Las nueces pecanas contienen más de 10 vitaminas y minerales, incluyendo vitaminas A, B y E, ácido fólico, calcio, magnesio, fósforo, potasio y zinc.

- **Ingredientes:**
  - 1 cucharada aceite de oliva
  - 1 cebolla mediana, cortada
  - 2 tazas espinaca fresca cortada
  - 1/4 taza agua
  - 1 cucharada nueces pecanas en mitades

- **¿Cómo prepararlo?:**
  - Calentar el aceite en una cacerola mediana a fuego medio, y saltear la cebolla hasta que esté tierna. Verter la espinaca y agua, revolver y cocinar hasta que marchite. Mezclar con las nueces pecanas y seguir cocinando hasta que caliente.

- Factores nutricionales:
    Calorías: 57 kcal, Grasas: 5g, Carbohidratos: 3.5g, Proteínas: 1g, Sodio: 13mg

3. Salmón Omega

- Descripción:
  La carne de salmón tiene ácidos grados poliinsaturados, que pueden reducir el predominio de enfermedad periodontal.

- Ingredientes:
  - 1 1/2 libras filete de salmón
  - sal y pimienta a gusto
  - 3 dientes de ajo, molidos
  - 1 ramitas de eneldo fresco, cortada
  - 5 rodajas de limón
  - 2 cebollas de verdeo, cortada

- ¿Cómo prepararlo?:
  - Precalentar el horno a 450 grados.
  - Poner el filete de salmón sobre papel aluminio. Rociar con sal, pimienta, ajo y eneldo. Rociar las cebollas de verdeo cortadas.
  - Cubrir el salmón con una segunda pieza de aluminio y unir para sellar firmemente. Poner en una fuente de hornear.
  - Cocinar en el horno precalentado por 20 a 25 minutos, hasta que el salmón se deshaga fácilmente.

- Factores nutricionales:
  Calorías: 187 kcal, Grasas: 6.5g, Carbohidratos: 2.5g, Proteínas: 25g, Sodio: 48mg

4. **Anacardo con Beneficios**
   - Descripción:
     Los anacardos son una gran fuente de grasas saludables, que son esenciales para nuestro cuerpo para absorber las vitaminas A, D, E y K, solubles en grasa, y producir ácidos grasos.

   - Ingredientes:
     - 2 cucharadas aceite de oliva
     - 2 cucharadas aceite de sésamo
     - 1 cucharadita raíz de jengibre fresca, molida
     - 1 puñado tallos de espárragos, sin las puntas
     - 1/2 taza anacardos cortados

   - ¿Cómo prepararlo?:
     - Calentar el aceite de oliva y de sésamo en un wok a fuego bajo/medio. Agregar el jengibre y cocinar revolviendo hasta que dore. Agregar los espárragos y cocinar unos minutos antes de agregar los anacardos. Cocinar hasta que los espárragos estén blandos, pero aún brillantes, revolviendo frecuentemente.

- Factores nutricionales:
Calorías: 231kcal, Grasas: 21g, Carbohidratos: 10g, Proteínas: 5.4g, Sodio: 338mg

5. Equipo Atún-Palta

- Descripción:

  Rico en minerales y vitaminas importantes como la vitamina D, el pescado es una parte crucial de cualquier dieta para la salud dental.

- Ingredientes:
  - 1 (12 onzas) atún
  - 1 cucharada mayonesa
  - 3 cebollas de verdeo, cortada finamente
  - 1/2 pimiento rojo, cortada
  - 1 pizca vinagre balsámico
  - Pimienta negra a gusto
  - 1 pizca sal de ajo, o a gusto
  - 2 paltas maduras, en mitades y sin semilla

- ¿Cómo prepararlo?:
  - Mezclar el atún, mayonesa, cebolla de verdeo, pimiento rojo y vinagre balsámico en un bowl. Sazonar con la pimienta y sal de ajo, y luego rellenar las mitades de palta con la mezcla de atún.
  - Decorar con las cebollas de verdeo y una pizca de pimienta negra antes de servir.

- Factores nutricionales:
  Calorías: 294kcal, Grasas: 18g, Carbohidratos: 11g, Proteínas: 25g, Sodio: 154mg

6. 5 En Punto

- Descripción:

    El té verde es excelente para combatir las bacterias. Previene las caries y también inhibe el crecimiento de placa.

    Los poli fenoles han sido conocidos por reducir las bacterias y productos tóxicos de las bacterias en la boca. El té también tiende a ser rico en fluoruro, que es una necesidad bien conocida para los dientes saludables. Es mejor si lo bebe sin azúcar, ya que ésta, e incluso la miel, puede arruinar la fiesta.

- Ingredientes:
    - 1 pieza ralladura de limón
    - 2 cucharaditas agua hirviendo
    - 2 cucharaditas polvo de té verde
    - 3/4 taza agua caliente
    - 1/2 taza jugo de granada recién exprimido
    - 3 cucharadas jugo de limón recién exprimido
    - 1 cucharadita miel

- ¿Cómo prepararlo?:
    - Poner la ralladura de limón en una taza grande. Cubrir con dos cucharaditas de agua hirviendo y dejar reposar por 3 minutos.

Verter el polvo de té verde y agua caliente. Agregar el jugo de granada, limón y miel. Mezclar bien y servir.

- Factores nutricionales:

Calorías: 89kcal, Grasas: 0.1g, Carbohidratos: 22.5g, Proteínas: 1.2g, Sodio: 9mg

7. Arándano Privado

- **Descripción:**

  Rico en poli fenoles (como el té), que mantienen la placa a raya, y por lo tanto disminuye el riesgo de caries. Los arándanos frescos son especialmente efectivos deteniendo el proceso de formación de placa.

- **Ingredientes:**
  - 1 1/2 tazas arándanos cortados
  - 1 taza manzana roja cortada
  - 1 taza apio cortado
  - 1 taza uvas verdes sin semillas
  - 1/3 taza pasas
  - 1/4 taza nueces cortadas
  - 1/4 cucharadita canela molida
  - 1 (8 onza) yogurt bajo en grasas

- **¿Cómo prepararlo?:**
  - En un bowl mediano, combinar todos los ingredientes. Agitar para mezclar. Cubrir y dejar reposar 2 horas. Revolver antes de servir.

- Factores nutricionales:
  Calorías: 75kcal, Grasas: 2g, Carbohidratos: 1.7g, Proteínas: 22g, Sodio: 26mg

8. Tesoro Escondido

- Descripción:

    La alicina que contiene el ajo tiene fuertes propiedades antimicrobiales. Así que le ayuda a combatir el decaimiento de los dientes y la enfermedad periodontal.

- Ingredientes:
    - 4 dientes de ajo, pelados
    - 1 1/2 cucharaditas sal
    - 1 puñado de brócoli, cortado en floretes
    - 1/3 taza aceite de oliva
    - 1/4 taza vinagre de vino rojo
    - 1 cucharada mostaza
    - 1/2 taza queso parmesano rallado, o a gusto

- ¿Cómo prepararlo?:
    - Poner el ajo en un mortero o tabla de cortar, y rociar con sal. Aplastarlo con un cuchillo o mortero hasta que se haga una pasta. Transferir a un bowl mediano, y mezclar con aceite de oliva, vinagre y mostaza. Agregar el brócoli y revolver. Dejar reposar 3 horas para que marine, revolviendo ocasionalmente. Rociar con queso parmesano antes de servir.

- Factores nutricionales:
Calorías: 120kcal, Grasas: 10g, Carbohidratos: 4.1g, Proteínas: 3.1g, Sodio: 426mg

9. Almendras de Toda Temporada

- Descripción:

  Las almendras o leche de almendra son instrumentales en mantener y mejorar las encías, y prevenir caries. Las almendras contienen calcio, que es necesario para evadir problemas dentales.

- Ingredientes:
  - 2 tazas almendras tostadas secas
  - 2 cucharadas aceite de oliva
  - 2 dientes de ajo, cortado finamente
  - 1 romero fresco, cortada
  - 1 1/2 cucharaditas sal kosher

- ¿Cómo prepararlo?:
  - Precalentar el horno a 350 grados.
  - En un bowl, mezclar las almendras, aceite de oliva, ajo y romero hasta que estén completamente cubiertas.
  - Sazonar con sal. Esparcir equitativamente en una fuente de hornear.
  - Cocinar en el horno por 10 minutos.

- Factores nutricionales:

  Calorías: 237kcal, Grasas: 21g, Carbohidratos: 7g, Proteínas: 7.7g, Sodio: 368mg

10. Arroz Negro Leal

- Descripción:

  El consumo de granos enteros (avena, arroz negro) baja el riesgo de enfermedad de las encías. El arroz negro es rico en magnesio y también contiene diferentes tipos de vitaminas B, que son esenciales para fortalecer los dientes y mantener las encías saludables.

- Ingredientes:
  - 2 tazas agua
  - 1 taza arroz negro
  - 1/4 taza cebolla morada en cubos
  - 1/2 taza apio en cubos
  - 1/4 taza arándanos secos
  - 1/2 taza aderezo de ensalada de vinagreta balsámica

- ¿Cómo prepararlo?:
  - En una cacerola, hervir el agua. Verter el arroz, cubrir, y reducir el fuego al mínimo. Hervir a fuego lento por 45 a 60 minutos, o hasta que esté listo.
  - Transferir el arroz a un bowl de servir y verter la cebolla, apio, arándanos y aderezo. Cubrir, refrigerar y servir frío.

- Factores nutricionales:
  Calorías: 302kcal, Grasas: 10g, Carbohidratos: 50g, Proteínas: 4g, Sodio: 365mg

11. Ensalada de Pera Rica

- Descripción:
  A diferencia de muchas frutas ácidas, las peras crudas son buenas para neutralizar ácidos, lo que las hacen un bocadillo perfecto en cualquier momento.

- Ingredientes:
  - 1 (10 onza) bolsa de verdes mixtos
  - 1/2 taza cebolla morada en rodajas (opcional)
  - 1 pera, sin centro, en rodajas
  - 1/2 taza nueces pecanas confitadas picadas
  - 1/2 taza queso azul en trozos
  - 1/4 taza jarabe de arce
  - 1/3 taza vinagre de sidra de manzana
  - 1/2 taza mayonesa
  - 3/4 cucharadita sal
  - 1/4 cucharadita pimienta negra fresca molida
  - 1/4 taza aceite de nuez

- ¿Cómo prepararlo?:
  - Poner los verdes de ensalada en un bowl. Agregar la cebolla morada, pera, nueces pecanas y queso azul, y sacudir para mezclar equitativamente.

> Para hacer este aderezo, poner el jarabe de arce, vinagre, mayonesa, sal y pimienta en una batidora, y mezclar bien.
> Lentamente verter el aceite de nuez y batir hasta que la mezcla se vuelva cremosa, alrededor de 1 minuto. Verter sobre la mezcla de ensalada y sacudir para cubrir los verdes. Servir inmediatamente.

- Factores nutricionales:
Calorías: 397kcal, Grasas: 30g, Carbohidratos: 25g, Proteínas: 8g, Sodio: 531mg

12. Pera Paracaidista

- **Descripción:**
Solo una pera contiene 11% de nuestra ingesta diaria recomendada de vitamina C. Una falta de vitamina C puede provocar el sangrado de encías.

- **Ingredientes:**
  - 1 pera madura - pelada, sin carozo y cortada
  - 1 diente de ajo, cortado
  - 1/4 taza vinagre balsámico blanco
  - 1 cucharadita pimienta negra molida
  - 1/4 cucharadita sal marina
  - 1/2 taza aceite de oliva

- **¿Cómo prepararlo?:**
  - Mezclar la pera, ajo, vinagre balsámico blanco, pimienta negra y sal marina en una licuadora, hasta que estén bien combinados.
  - Verter el aceite de oliva en la mezcla en una corriente fina y estable, mientras se continúa licuando. Batir unos segundos más hasta que el aderezo espese y quede cremoso.

- **Factores nutricionales:**
Calorías: 101kcal, Grasas: 9g, Carbohidratos: 3.6g, Proteínas: 0.1g, Sodio: 60mg

13. Kiwi Disparador De Placa

- Descripción:
Los kiwis tienen unas de las más altas concentraciones de vitamina C. Excelente para el desayuno. ¡Hora de empezar un nuevo día!

- Ingredientes:
    - 1 kiwi, pelados y rebanados
    - 1/2 taza trozos de ananá
    - 1/2 taza uvas verdes
    - 1/4 mango - pelado, sin semillas, y en cubos
    - 1/4 taza agua
    - 1/2 taza espinaca

- ¿Cómo prepararlo?:
    - Mezclar el kiwi, ananá, uvas, mango y agua en una licuadora hasta que esté suave. Agregar la espinaca y mezclar nuevamente hasta que se integre completamente.

- Factores nutricionales:
Calorías: 102kcal, Grasas: 0.9g, Carbohidratos: 26g, Proteínas: 1.3g, Sodio: 10mg

14. Cebolla Rebelde

- Descripción:

   Cuando se las come crudas, las cebollas tienen propiedades antibacteriales poderosas, especialmente contra las bacterias que causan caries y enfermedades de las encías.

- Ingredientes:
  - 1/4 taza mayonesa
  - 2 cucharadas vinagre de vino rojo
  - 1/4 taza leche
  - 2 cucharadas semillas de amapola
  - 1 pizca frutillas frescas, rebanadas
  - 1 cabeza de lechuga de hoja morada, lavada y trozada
  - 1 cebolla morada, cortada finamente

- ¿Cómo prepararlo?:
  - En un bowl pequeño, mezclar la mayonesa, vinagre de vino, leche y semillas de amapola. Dejar de lado.
  - Dividir la lechuga en 6 bowls individuales de ensalada. Rociar frutillas sobre la lechuga y decorar con rodajas de cebolla. Verter el aderezo sobre la ensalada antes de servir.

- Factores nutricionales:
  Calorías: 185kcal, Grasas: 11g, Carbohidratos: 20g, Proteínas: 2.3g, Sodio: 76mg

15. Samurái Shiitake

- Descripción:
Estos deliciosos extras asiáticos son la pesadilla de las plagas. Contienen lentinan, un azúcar natural que desbarata la formación de placa en los dientes.

- Ingredientes:
  - 1 (10 onza) paquete espinaca bebé, lavada
  - 1 taza champiñones shiitake frescos, sin tallos y cortados en cuartos
  - 1 cebolla mediana, cortada
  - 1 cucharada aceite de oliva
  - polvo de ajo a gusto

- ¿Cómo prepararlo?:
  - Calentar el aceite de oliva en un wok o sartén grande a fuego medio/alto. Agregar los champiñones y cebolla, y saltear hasta que estén hechos a medias. Verter la espinaca y espolvorear con polvo de ajo libremente. Freír hasta que la espinaca se haya marchitado, unos 5 a 7 minutos.

36 Recetas de Comidas Para Ayudarlo A Prevenir Caries, Enfermedad de Las Encías, Pérdida de Dientes y Cáncer Oral

- Factores nutricionales:
  Calorías: 95kcal, Grasas: 4.9g, Carbohidratos: 9.6g, Proteínas: 4.2g, Sodio: 86mg

16. Nueces de Río

- Descripción:
  Las nueces brasileras contienen calcio, pero también son ricas en magnesio y hierro, que son fundamentales para fortalecer los dientes y prevenir problemas relacionados con las encías.

- Ingredientes:
  - 2 cucharadas semillas de sésamo
  - 1/3 taza granos de semilla de girasol
  - 1/3 taza pepitas (granos de semilla de calabaza)
  - 1 taza Nueces brasileras (Castaña de Cajú)
  - 2 cucharadas miel
  - 1 1/2 cucharaditas comino molido
  - Pizca grande de chile molido

- ¿Cómo prepararlo?:
  - Combinar las semillas y nueces en una sartén y cocinar revolviendo a fuego medio por 3-4 minutos o hasta que estén levemente tostadas.
  - Agregar miel, comino y chile y cocinar, revolviendo, por 1 minuto. Dejar enfriar.

- Factores nutricionales:
Calorías: 327 kcal, Grasas: 26g, Carbohidratos: 11g, Proteínas: 11g, Sodio: 6.22mg

17. Ensalada De Amistad Verde

- Descripción:

  El apio es tan bueno para sus dientes que merece una mención especial. Es en muchas formas el bocadillo perfecto para una buena salud oral y es lo más cercano que tenemos a la limpieza natural.

- Ingredientes:
  - 2 tazas repollo cortado
  - 4 bulbos de colinabo, pelados y rallados
  - 2 tallos de apio, en finas rebanadas
  - 2 zanahorias, en finas rebanadas
  - 2 cucharadas cebolla fresca picada
  - 1/2 cucharadita sal
  - 1/8 cucharadita pimienta negra molida
  - 1/8 cucharadita semillas de apio
  - 1/2 taza mayonesa
  - 4 1/2 cucharaditas vinagre de sidra de manzana

- ¿Cómo prepararlo?:
  - Mezclar el repollo, colinabo, apio, zanahoria y cebolla en un bowl grande.
  - Batir la sal, pimienta, semillas de apio, mayonesa y vinagre en un bowl separado, hasta que quede suave; verter sobre la

mezcla de repollo y revolver para cubrir equitativamente. Dejar enfriar en la nevera por 1 hora antes de servir.

- Factores nutricionales:

Calorías: 195kcal, Grasas: 11.1g, Carbohidratos: 18g, Proteínas: 2.2g, Sodio: 186m

18. Sésamo Abierto

- **Descripción:**
  Las semillas de sésamo son un regalo de la naturaleza. Son altas en calcio y muy eficientes removiendo la placa de sus dientes mientras las mastica.

- **Ingredientes:**
  - 1 cucharada aceite de sésamo
  - 2 tazas brócoli cortado
  - 1 cucharada semillas de sésamo
  - 1 pimiento verde, rebanado

- **¿Cómo prepararlo?:**
  - Calentar aceite en una sartén grande a fuego medio/alto. Saltear el brócoli y las semillas de sésamo por 2 minutos. Verter y revolver el pimiento verde y cocinar por 2 a 3 minutos, hasta que el pimiento este blando y crujiente.

- **Factores nutricionales:**
  Calorías: 67kcal, Grasas: 4.7g, Carbohidratos: 5.5g, Proteínas: 2g, Sodio: 16mg

19. Batatas Asadas

- Descripción:
Las batatas le dan una saludable dosis de vitamina A, que hará muchas cosas buenas para su esmalte y encías.

- Ingredientes:
  - 4 tazas batata, pelada y cortada
  - 1 cebollas dulces, cortadas en tajadas
  - 2 dientes de ajo, rebanadas
  - 3 cucharadas aceite de oliva
  - 1 cucharada vinagre balsámico
  - 1 pizca sal and pimienta negra molida

- ¿Cómo prepararlo?:
  - Precalentar el horno a 425 grados.
  - Mezclar las batatas, cebolla y ajo en un bowl. Rociar aceite de oliva en la mezcla y sacudir para mezclar; verter en una asadera plana.
  - Asar la mezcla de batata en el horno precalentado, dándola vuelta frecuentemente, hasta que los vegetales estén blandos y dorados, 30 a 35 minutos. Rociar vinagre balsámico sobre los vegetales; sazonar con sal y pimienta.

- Factores nutricionales:
  Calorías: 224kcal, Grasas: 10g, Carbohidratos: 31g, Proteínas: 2.6g, Sodio: 116mg

20. Salmón Graso

- Descripción:

  El salmón contiene omega 3, que ayudan a reducir la inflamación.

- Ingredientes:
  - 1 (16 onzas) salmón rojo, escurrido y desmenuzado
  - 1 limón exprimido
  - 1 manzana, sin semilla y picada
  - 1 1/2 tallos de apio, cortado finamente
  - 1/4 cucharadita copos de pimienta roja aplastados

- ¿Cómo prepararlo?:
  - Combinar el salmón rojo y el jugo de limón en un bowl.
  - Verter la manzana, apio y copos de pimienta roja. Mezclar bien.

- Factores nutricionales:

  Calorías: 368kcal, Grasas: 20.9g, Carbohidratos: 21.2g, Proteínas: 25g, Sodio: 364mg

21. Pasas, Vuelco de La Trama

- Descripción:

  Sorprendentemente, las pasas aparecen como los malos en algunos lugares cuando se trata de su efecto sobre los dientes. Sin embargo, son una fuente de fotoquímicos como el oleanólico, que podría matar la bacteria causante de caries. También son ricas en antioxidantes.

- Ingredientes:
  - 1 taza pasas
  - 1 libra zanahorias, rallada
  - 1/4 taza ananá en jugo
  - 3 cucharadas coco rallado
  - 1/4 cucharadita sal
  - 6 onzas yogurt bajo en grasas

- ¿Cómo prepararlo?:
  - Remojar las pasas en un bowl de agua hasta que ablanden, unos 20 minutos. Colar.
  - Combinar las zanahorias, pasas, ananá, coco y sal en un bowl. Agregar el yogurt y revolver. Cubrir y refrigerar hasta que enfríe.

- Factores nutricionales:
  Calorías: 170kcal, Grasas: 6.6g, Carbohidratos: 28g, Proteínas: 2g, Sodio: 125mg

22. Equipo de Rescate de Dientes

- Descripción:

    La mayoría de las frutas cítricas son realmente ácidas, lo cual no es bueno para sus dientes, pero las naranjas son las menos ácidas, y tienen todos los beneficios de salud que puede esperar de las frutas.

- Ingredientes:
    - 4 naranjas ombligo, lavadas bien, sin pelar
    - 1 (12 onza) botella aceite de oliva sazonado con ajo
    - 1/2 cucharadita pimentón dulce
    - sal y pimienta a gusto
    -

- ¿Cómo prepararlo?:
    - Recortar los extremos de las naranjas, y cortar cada una en anillos finos.
    - Poner las rodajas de naranja en una capa en una fuente de servir. Rociar con aceite de oliva y usar los dedos para esparcirlo sobre las naranjas. Decorar con un poco de pimentón dulce y sazonar cada rodaja con sal y pimienta.

- Factores nutricionales:
  Calorías: 310kcal, Grasas: 23.6g, Carbohidratos: 9.8g, Proteínas: 0.8g, Sodio: 39mg

23. Bayas Saludables

- Descripción:
Si quiere dientes perfectos, debería amar las frutillas. Están llenas de vitamina C, antioxidantes y ácido málico, que podría incluso blanquear sus dientes naturalmente.

- Ingredientes:
  - 1 pizca frutillas frescas, rebanadas
  - 4 tomates ciruela, sin semillas y cortado
  - 1 pimiento jalapeño, sin semillas y picado
  - 2 dientes de ajo, molidos
  - 1 lima, en jugo
  - 1 cucharada aceite de oliva

- ¿Cómo prepararlo?:
  - En un bowl grande, combinar las frutillas, tomates, jalapeños, ajo, jugo de lima y aceite. Revolver bien para mezclar. Cubrir el bowl y refrigerar por 2 horas para enfriar.

- Factores nutricionales:
Calorías: 10kcal, Grasas: 0.5g, Carbohidratos: 1.2g, Proteínas: 0.2g, Sodio: <1mg

24. El Secreto de Bugs Bunny

- Descripción:
  Las zanahorias son tan ricas y llenas de muchos de los más importantes minerales y vitaminas para su boca, que merecen una mención especial. Con razón Bugs Bunny tiene dientes perfectos.

- Ingredientes:
  - 4 zanahorias, lavadas
  - 2 cucharaditas aceite de oliva extra virgen
  - 1/4 cucharadita sal

- ¿Cómo prepararlo?:
  - Precalentar el horno a 350 grados.
  - Pelar las zanahorias y cortar en tiras finas usado un pelador de vegetales; poner en un bowl grande. Rociar con aceite de oliva y mezclar. Sazonar con sal y sacudir para mezclar nuevamente.
  - Cocinar las zanahorias en el horno precalentado por 6 minutos, cambiar de lugar y continuar cocinando hasta que estén crujientes, unos 6 minutos más.

- Factores nutricionales:
  Calorías: 51kcal, Grasas: 2.5g, Carbohidratos: 6.9g, Proteínas: 0.7g, Sodio: 195mg

25. Yogurt Con Invitados Frutales

- Descripción:

    El yogurt definitivamente marca más de una buena opción para su salud oral. Está lleno de calcio y pro bióticos que lo protegen contra caries, enfermedades de las encías e incluso mal aliento.

- Ingredientes:
    - 1 1/2 tazas uvas sin semillas, en mitades
    - 2 tallos de apio, cortados
    - 1 manzana roja, sin semillas y cortada
    - 1 naranja, pelada y rebanada
    - 1/2 taza arándanos
    - 1/2 taza nueces cortadas
    - 1 (8 onza) yogurt

- ¿Cómo prepararlo?:
    - Mezclar las uvas, apio, manzana, rodajas de naranja, arándanos y nueces en un bowl grande; agregar el yogurt y revolver.
    - Cubrir el bowl con envoltorio plástico y refrigerar hasta que esté frío, unos 30 minutos.

- Factores nutricionales:
  Calorías: 188kcal, Grasas: 9g, Carbohidratos: 26g, Proteínas: 5g, Sodio: 44mg

26. Frutas Habladoras

- Descripción:

  Lleno de vitaminas, un Smoothie excelente que mantiene las caries lejos y fortalece las encías. Muchas personas dicen que el ananá ayuda a la sensibilidad de los dientes.

- Ingredientes:
  - 4 cubos de hielo
  - 1/4 ananá fresco – pelado, sin el centro, y en cubos
  - 1 banana grande, cortada en trozos
  - 1 taza jugo de ananá o manzana

- ¿Cómo prepararlo?:
  - Poner los cubos de hielo, ananá, banana y jugo en el bowl de una licuadora. Batir al máximo hasta que quede suave.

- Factores nutricionales:
  Calorías: 313kcal, Grasas: 0.9g, Carbohidratos: 78.7g, Proteínas: 3g, Sodio: 10mg

27. Anillo de Manzana

- Descripción:
  ¿Mantendrá una manzana al día al dentista lejos? Probablemente no, pero seguramente ayudará. Está llena de nutrientes y vitaminas clave.

- Ingredientes:
  - 3 cucharadas pasas
  - 2 manzanas, peladas and ralladas
  - 1 taza calabaza rallada
  - 2 cucharaditas jugo de limón
  - sal y pimienta a gusto

- ¿Cómo prepararlo?:
  - Poner las pasas en un plato pequeño y cubrir con agua caliente. Dejar reposar 30 minutos.
  - Una vez que las pasas se hayan hinchado, drenar el agua y poner en un bowl con la manzana y la calabaza.
  - Verter el jugo de limón y mezclar. Sazonar a gusto con sal y pimienta.

- Factores nutricionales:
  Calorías: 129kcal, Grasas: 0.3g, Carbohidratos: 34g, Proteínas: 1.2g, Sodio: 197mg

28. Contraataque de Queso

- Descripción:

El queso cheddar es rico en calcio. Además, el queso baja el nivel ácido de su boca, por lo que la placa lo odia. Incluso más, morder quesos duros incrementa la producción de saliva, que lava algunas de las bacterias en su boca.

- Ingredientes:
  - 12 onzas hojas de espinaca bebé
  - 2 manzanas, sin centro, en rodajas
  - 8 onzas queso cheddar en cubos
  - 1/2 taza nueces cortadas
  - 1/4 taza vinagre de sidra de manzana
  - 1/4 taza jarabe de arce

- ¿Cómo prepararlo?:
  - En un bowl grande, combinar la espinaca, manzana, cheddar y nueves. Agitar gentilmente para mezclar.
  - En un bowl pequeño, batir el vinagre, jarabe de arce y aceite de oliva. Verter sobre la ensalada y revolver para cubrir. Puede usar un bowl con tapa para agitar para mezclar. Servir.

- Factores nutricionales:
Calorías: 220kcal, Grasas: 17g, Carbohidratos: 11g, Proteínas: 7.4g, Sodio: 169mg

29. Batido De Leche Nos Vemos

- Descripción:

  Junto con el agua, la leche es la mejor bebida cuando se trata de los dientes. Es rica en calcio y otros elementos importantes. La leche también baja los niveles ácidos de la boca, que ayuda a combatir la decadencia de los dientes.

- Ingredientes:
  - 2 1/2 tazas sandía, sin semilla, cortada y fría
  - 3/4 taza agua fría
  - 5 cucharadas leche condensada dulce, fría
  - 1/2 cucharadita polvo de vainilla
  - 1 cucharadita de extracto de frambuesa

- ¿Cómo prepararlo?:
  - Batir la sandía, agua, leche condensada, polvo de vainilla y extracto de frambuesa en una licuadora hasta que quede suave.

- Factores nutricionales:

  Calorías: 213kcal, Grasas: 4.4g, Carbohidratos: 41.2g, Proteínas: 4.9g, Sodio: 64mg

30. Cazadores de Bacteria

- Descripción:

  Esta receta tiene todo lo que necesita para tener una sonrisa blanca saludable. Una verdadera bomba de vitamina que explotará en su boca. Sus dientes y encías se lo agradecerán.

- Ingredientes:
  - 1 puñado col rizada, sin los tallos largos, las hojas cortadas finamente
  - 1/2 cucharadita sal
  - 1 cucharada vinagre de sidra de manzana
  - 1 manzana, en cubos
  - 1/3 taza queso feta
  - 1/4 taza grosellas
  - 1/4 taza piñones tostados

- ¿Cómo prepararlo?:
  - Masajear la col con sal en un bowl grande por 2 minutos. Verter el vinagre y mezclar. Añadir la manzana, queso feta, grosellas y piñones a la col.

- Factores nutricionales:
  Calorías: 102kcal, Grasas: 4.8g, Carbohidratos: 12g, Proteínas: 4.6g, Sodio: 277mg

31. Brócoli en Capas

- Descripción:
  El brócoli, como otros vegetales como las zanahorias y apio, está lleno de minerales naturales que ayudan a impulsar la salud y blancura de sus dientes. No solo eso, sino que, al comerlo crudo, naturalmente rompe las placas en sus dientes para restaurar su bella sonrisa.

- Ingredientes:
  - 1 cabeza de brócoli grande, cortado en floretes
  - 2 cucharadas mostaza estilo Dijon preparada
  - 4 onzas queso

- ¿Cómo prepararlo?:
  - Hervir el brócoli hasta que esté blando.
  - Mezclar el brócoli con la mostaza, y luego derretir el queso sobre el brócoli en microondas por 1 minuto. Revolver y servir.

- Factores nutricionales:
  Calorías: 143kcal, Grasas: 9.2g, Carbohidratos: 7.6g, Proteínas: 8.6g, Sodio: 540mg

32. Lanza de Espárragos

- Descripción:

  Los espárragos son conocidos por matar los hongos y bacterias en la boca. Ayudan a los pacientes con cáncer de boca atacando los gérmenes que afectan la parte oral de nuestro cuerpo.

- Ingredientes:
  - 12 dientes de ajo
  - 2 cucharadas aceite de oliva
  - 1/4 taza vino blanco
  - 3 tazas espárragos cortados diagonalmente
  - 6 ramitas de tomillo fresco

- ¿Cómo prepararlo?:
  - Precalentar el horno a 350 grados.
  - Cortar 6 piezas grandes de papel aluminio. Dividir el ajo, aceite de oliva, vino, espárragos y tomillo, y acomodarlos en cada pedazo de papel. Enrollar cada paquete para sellar. Ponerlos en una fuente de hornear y asar por 20 a 25 minutos hasta que los espárragos estén blandos, pero aún un poco crujientes. Abrir los paquetes cuidadosamente y servir los espárragos con los jugos vertidos encima.

- Factores nutricionales:
  Calorías: 72kcal, Grasas: 4.6g, Carbohidratos: 5.1g, Proteínas: 1.9g, Sodio: 3mg

33. Medicina de Granada

- Descripción:

  La granada ayuda a curar heridas y se demostró que disminuye el sangrado de encías en un estudio en Alemania. En adición, previene que la red de colágeno en sus encías se rompa y suelte alrededor de sus dientes.

- Ingredientes:
  - 1/2 granada rosa grande, pelada
  - 1 taza arándanos
  - 2 cucharadas cebolla morada picada
  - 2 cucharadas cilantro fresco cortado
  - 1 cucharada jugo de lima
  - 1 pimiento jalapeño, cortado
  - 1 cucharadita miel

- ¿Cómo prepararlo?:
  - Cortar la granada en cubos del tamaño de arándanos y transferir a un bowl grande. Agregar los arándanos, cebolla, cilantro, jugo de lima, jalapeño y miel. Mezclar bien.

- Factores nutricionales:
  Calorías: 46kcal, Grasas: 0.2g, Carbohidratos: 11g, Proteínas: 0.6g, Sodio: 1mg

34. Frutas Salpicadas de Yogurt

- Descripción:

  El yogurt es una buena fuente de calcio, que ayuda a apuntalar el esmalte de los dientes y fortalecer el hueso alrededor de los mismos. Las frutas le proveen todas las vitaminas necesarias.

- Ingredientes:
  - 1 (16 onza) frutillas frescas, descascarada y en mitades
  - 1 durazno grande, pelado y cortado
  - 2 ciruelas, sin carozo y cortadas
  - 2 kiwis, pelados y cortados
  - 1 taza cerezas dulces oscuras, sin carozo y en mitades
  - 1 taza uvas
  - 2 (16 onza) contenedores de yogurt bajo en grasas

- ¿Cómo prepararlo?:
  - En un bowl grande de ensalada, mezclar suavemente las frutillas, durazno, ciruelas, kiwi, cerezas y uvas hasta que esté bien mezclado. Servir en bowls con el yogurt encima.

- Factores nutricionales:
  Calorías: 126kcal, Grasas: 1.4g, Carbohidratos: 25g, Proteínas: 4.6g, Sodio: 56mg

35. Lima y Vitaminas

- Descripción:

  La lima previene el decaimiento y pérdida de dientes, caries dentales, dolor dental, sangrado de encías y fragilidad de huesos.

- Ingredientes:
  - 4 1/2 tazas melón en cubos
  - 1 1/2 tazas sorbete de limón
  - 2 cucharadas jugo de lima

- ¿Cómo prepararlo?:
  - Poner el melón en una capa en una fuente de hornear. Cubrir y frezar hasta que endurezca, unos 30 minutos.
  - Transferir el melón congelado a una procesadora con el sorbete y jugo de lima. Mezclar hasta que quede suave.

- Factores nutricionales:
  Calorías: 156kcal, Grasas: 1.4g, Carbohidratos: 37g, Proteínas: 1.8g, Sodio: 59mg

36. Berenjena Valiente

- Descripción:

   La berenjena es una gran fuente de antocianinas, que previenen que la placa de fije a los dientes y combate el cáncer de boca.

- Ingredientes:
   - 3 cucharadas aceite vegetal
   - 1 berenjena mediana, rebanada en pedazos de ½ pulgada
   - 1 cebolla mediana, rebanadas en anillos
   - 1/2 taza queso cheddar rallado
   - sal y pimienta a gusto

- ¿Cómo prepararlo?:
   - Calentar el aceite en una sartén grande a fuego medio/alto. Agregar la cebolla y saltear hasta que doren. Remover la cebolla y poner en un bowl, y poner las rebanadas de berenjena en la sartén caliente. Freír en ambos lados hasta que ablande y dore. Sazonar con sal y pimienta. Cuando esté lista, poner la cebolla encima, y luego el queso cheddar. Dejar que el queso se derrita por unos minutos antes de poner en platos y servir.

- Factores nutricionales:

    Calorías: 156kcal, Grasas: 1.4g, Carbohidratos: 37g, Proteínas: 1.8g, Sodio: 59mg

OTROS TITULOS DE ESTE AUTOR

70 Recetas De Comidas Efectivas Para Prevenir Y Resolver Sus Problemas De Sobrepeso: Queme Calorías Rápido Usando Dietas Apropiadas y Nutrición Inteligente

Por

Joe Correa CSN

48 Recetas De Comidas Para Eliminar El Acné: ¡El Camino Rápido y Natural Para Reparar Sus Problemas de Acné En 10 Días O Menos!

Por

Joe Correa CSN

41 Recetas De Comidas Para Prevenir el Alzheimer: ¡Reduzca El Riesgo de Contraer La Enfermedad de Alzheimer De Forma Natural!

Por

Joe Correa CSN

70 Recetas De Comidas Efectivas Para El Cáncer De Mama: Prevenga Y Combata El Cáncer De Mama Con una Nutrición Inteligente y Alimentos Poderosos

Por

Joe Correa CSN

www.ingramcontent.com/pod-product-compliance
Lightning Source LLC
Chambersburg PA
CBHW052124070526
44586CB00016B/2071